gato

katt

conejo

kanin

perro

hund

pollito

kyckling

pato
anka

oveja

får

cabra
get

cerdo

gris

burro

åsna

caballo

häst

vaca

ko

ratón

mus

murciélago

fladdermus

abeja
bi

araña

spindel

zorro

räv

ciervo

rådjur

ardilla

ekorre

erizo

igelkott

búho

uggla

rana

groda

serpiente
orm

mapache

tvättbjörn

loro

papegoja

tucán

tukan

caimán

alligator

tortuga marina

havssköldpadda

flamenco

flamingo

pingüino

pingvin

cangrejo

krabba

medusa

manet

foca

säl

tiburón

haj

ballena

val

orca

späckhuggare

estrella de mar
sjöstjärna

rinoceronte

noshörning

panda

panda

mono

apa

león

lejon

tigre

tiger

elefante

elefant

www.ingramcontent.com/pod-product-compliance
Lightning Source LLC
LaVergne TN
LVHW071205160826
845679LV00003B/748

* 9 7 8 2 3 8 4 5 7 1 4 1 3 *